vmn

Das *rhoihessische* Schimpfwörterbuch

Lauter Wörter zum Schenne

von

Frankudo

vmn
Verlag M. Naumann

Druck:
Danuvia Druckhaus Neuburg GmbH,
86633 Neuburg/Donau

1. Auflage 2003

Illustriert von
Frankudo

Bibliografische Information Der Deutschen Bibliothek
Die Deutsche Bibliothek verzeichnet diese Publikation
in der Deutschen Nationalbibliografie;
detaillierte bibliografische Daten
sind im Internet über http://dnb.ddb.de abrufbar.

ISBN 3-936622-31-0

**Für
Hermann,
den Winzer**

Schneller mit de Schnut! …

Ja, das kann man über uns *Rhoihesse* wirklich sagen. Da muss der Kollege gegenüber schon aufpassen. Allerdings geht das, wie so oft bei Menschen, die an einem großen Strom wohnen, mit einer herzlichen Gemütlichkeit einher.

Tatsache ist auch, dass im Dreieck zwischen Worms, Mainz und Bingen, mehr gelacht als geschimpft wird. Bevor hier einer wirklich richtig sauer wird … das dauert. Ein Grund dafür ist sicher, dass beim *Schenne* zuviel Energie verbraucht wird, und die benötigen wir hier schließlich für die angenehmen Dinge des Lebens. Wer kann bei einem guten Schoppen in gemütlicher Runde böse sein?

Eines muss man jedoch einräumen: Eingeschnappt sind wir schnell. Und da kann es dann schon vorkommen, dass mal so richtig rumgebrummelt und rumgenölt wird. In diesen Fällen gönnen wir uns als besonderen Luxus eben auch mal ein Schimpfwort.

Die schönsten, besten und originellsten sind nun in diesem Buch versammelt und ergänzen – oder besser: komplettieren – die Schimpfwörterbuchreihe des Verlages M. Naumann. Schließlich sind wir nun auch hier gleichberechtigt neben den Ausgaben der Pfälzer und Hessen vertreten.

Wer sich diese humorvolle ›Schimpfologie‹ nun zu Gemüte führt, wird sehr schnell merken, dass es meistens gar nicht so böse gemeint ist, und so soll auch dieses Buch vor allem nur eins: Spaß machen!

Euer Frankudo

Abdricker

A

Aas Man erkennt sie nicht nur am Geruch. Durchtriebene und berechnende Person.

Abdricker Ganz locker steht er da an der Ecke, cooler Blick durch die halb herabgelassene Sonnenbrille. Meistens folgt dann noch ein dünnsinniges Gesülze über seinen luftgekühlten Schrott, das Sportblech aus Zuffenhausen. Aber Kult ist, *mer brunse net, mer hun!*

Abeemick Diese Gestalten sind ebenso lästig wie die glänzenden, dicken Scheißhausfliegen.

Abflatscher Die Kunst des Redens ist nicht seine Stärke, dafür gibt es gleich was auf die Nuss. Wirklich kein *Intäläktueller*.

Abgedreede *Du bist völlisch abgedreed!* Da sind ganz gewaltig ein paar Schrauben locker, aber trotzdem kann er lustig werden.

Abgelutschdär Oh wei, das Leben hat es ihm gegeben, keine beschissene Situation hat er ausgelassen, und das ist ihm sehr deutlich anzusehen, diesem ziemlich abgefuckten (neurhoihessischen!) Typen.

Abschaum Mit denen will keiner was zu tun haben. Diese Leute sind einfach nur das Allerletzte.

Abstaaber *Nix mache, aber abkassiern wolle;* wo andere säen, erntet er.

Absteiger Hat in letzter Zeit wieder mehr an Bedeutung

gewonnen – nicht nur, wenn man dem Fußball verfallen ist, sondern auch, wenn die Karriereleiter nach unten geht!

Aff *Du bleeder Aff!* Tierschimpfwörter sind sehr beliebt, es kommen also noch einige oder auch nur ein bestimmtes Körperteil:

Affearsch Pavianheck; der muß dieses Körperteil immer da parken, wo es die anderen garantiert nicht wollen. Ein typischer Reindrängler.

Affekopp Ja, die haben schon viel Menschliches! Unser *Affekopp* beherrscht es wahrscheinlich auch schon, die Hand zum Mund zu führen, ohne sich dabei die Augen auszustechen.

Angsthas Er wittert die Gefahr auf 50 km, und das genügt ihm, um sich sofort in die Krise zu stürzen. Seinem Chef mal die Meinung zu sagen ist für ihn im stillen Kämmerlein ein Hochgenuss! Wenn er ihm allerdings gegenübersteht, dienert er so tief, dass er mit seinem *Haasehern* auf die Schreibtischplatte knallt. Deswegen erkennt man diese Leute meist an den roten Flecken auf der Stirn.

Armleuchter Ja, die Erleuchtung hat ihn mächtig verfehlt, da herrscht noch vornehme Dunkelheit in seinem Oberzimmer.

Arsch Als Arschloch mit Attribut wie *bleedes* durchaus ein deutschlandweit anerkannter Klassiker.

Arsch mit Ohren In echt sieht der natürlich verschärft aus, ihn gibt es im Scherzartikelladen für eine Handvoll Euros. Und natürlich gibt es da den Herren P. aus M.

Arschgeige Wo wir doch gerade bei klassisch waren: Violine spielen kann das werte Hinterteil nicht, aber dieser leider gar nicht seltene Fiedler, ist durch seine Misstöne bekannt.

Arschgesicht Sie kennen das bestimmt auch. Man schaut gemütlich in die Glotze, und plötzlich kommt so eine Visage. Einfach gruslig

Arschkriechär Ja, ein Arsch bleibt selten allein, da schlüpft, wenn es wichtig genug scheint, schnell einer hinein. Also bitte, das muss ich doch wirklich nicht erklären, da kennt doch jeder einen.

Arschloch Anus, After – so steht's im Duden, wird aber selten aus diesem im Rahmen einer literarischen Veranstaltung vorgelesen.

August, dummer Der liebevolle Clown aus dem Zirkus, der immer etwas traurig aus der Wäsche guckt, stolpert tölpelhaft über seine riesigen Füße, und alles lacht über den dummen August, auch noch im September und Oktober.

Arsch mit Ohren

B

Babbegei Quasselt einem alles nach. Seine eigene Meinung ist ihm fremd.

Babbel net, trink! Wenn dein Gegenüber zu viel dummes Zeug von sich gibt, dann sags ihm diesen Spruch! Kult seit Hermann, dem Winzer.

Babbler *Lassen doch, der schwätzt nur dumm Zeisch!* Eine besondere Art dieser Spezies von *Babblern* neigt dazu den Arbeitsplatz in Berlin zu haben. In Bonn sind sie dafür fast ausgestorben.

Babischguzje Kleines Kind, das nach einer Spieltour im Freien aussieht wie *e rhoihessich Erdferkel.*

Babkopp Weil sich unsere Wildsau nicht mit Haarwaschmittel und Wasser abgibt, erhält er nach einer gewissen Zeit einen natürlichen Klebefilm. Was dann ganz toll auf seiner Hirnschutzhülle zu sehen ist, sind *klebrische, knatschische, verbabbte Hoor.*

Babsack, Das ist so ein richtiger klebriger, mehrwöchiger, ungewaschener Mitmensch. Sein Vorteil ist die Ernährung. Was auf ihm so an Insekten kleben bleibt, ist frisch und kann sofort verspeist werden.

Bachusbixe Weintraubenleserinnen, aber Bixe generell sind flotte oder überflotte Mädels.

Bagaasch Es kommt eigentlich aus dem Französischen und heißt dort ›Tross‹; nun, wir Rheinhessen haben einiges von den Franzosen. Schön war es dann doch, wenn der ältere Herr auf der Veranda saß und wir als

Kinder an den Zaun pinkelten: *Ei, ich robb eisch die Zippel ab, ihr verreckt Bagaasch! Des sag isch eierm Papa, do gibt's Senge deham!* Verflucht schlecht war es dann, wenn er einen von uns erwischte, dann gab es richtig Ärger.

Balch *Klane Rotzkrippel, die beim Kicke immer die Blume mit em Ball umfetze, do kennt ich die glatte Wend enuffgeh!* Natürlich sind die frechen Jungs zu allen anderen Schandtaten bereit.

Balkewatz dieser Sturschädel bringt ganz schön was auf die Waage. Leider ist der Balken bei der Hirnmasse noch nicht abgezogen.

Bangert Ein auf der Bank (Parkbank – nicht mit der örtlich ansässigen Hausbank zu verwechseln) unehelich gezeugtes Kind.

Bauer Was einst ein ehrenvoller Beruf war, hat sich hierzulande dann aber leider auch als Schimpfwort etabliert.

Bauerntrampel *So eh rischtisch dick babisch Schnersch, die leeft wie ä Nilpferd!* Hat nichts, aber auch gar nichts mit den Frauen aus der Landwirtschaft zu tun; Ähnlichkeiten wären da rein zufällig.

Beißzang Wenn die liebe Schwiegermutter eben nicht lieb ist, sondern bösartiger Natur, dann ist sie mit dem Werkzeug eins, die *alt Beißzang.*

Bele zänkischer Knochen weiblicher Natur.

Bengel Ein pfiffiger Junge, der hin und wieder – trotz seiner Intelligenz – vom Unfug beeinflusst wird.

Bescheuerter Wird gerne mit einem Bezugswort benutzt, z.B. bescheuerte Ziege oder bescheuerter Esel.

Beschisser Egal, ob in der Prüfung mit einem batteriebetriebenem Spicker gearbeitet wird oder beim Skatkloppen mit Spiegel gearbeitet wird, unser *Beschisser* ist immer mit von der Partie.

Besen Die hat Borsten auf den Zähnen.

Besserwisser Bei diesen launigen Gestalten ist jede Diskussion nutzlos. Um nochmals mit Hermann zu sprechen: *Babbel net, trink!*

Bettsaascher Zuviel gesoffen und den Weg zum WC nicht mehr geschafft!

Biest Vom heißen Feger bis hin zum *Biest!* Wie das schnell geht? Ganz einfach: heiraten.

Bischberer Nuschelt sich irgendwas in den Bart, gibt seine Information nur hinter vorgehaltener Hand heraus. Sucht dabei ständig mit den Augen sein näheres Umfeld ab, dass auch ja niemand etwas davon mitbekommt.

Bleedhammel *Viehzeich gibt's in Rhoihesse allemol. Am Afang: Aach, moi goldisch Maus! Nach fuffzeh knippelharte Ehejohr, do gibt's Peffer: Du alter Elefant!* Wenn es nur dabei bleibt.

Bleedmann Gibt's in vielen Ausführungen. Meist nimmt er einem die Vorfahrt und schleicht dann vor einem über die Landstraße.

Bleedmannsgehilf Er und sein Chef gemeinsam mit dem

Trecker *in de groß Stadt* nach Orienttierung ringend. Mein lieber Mann, das kann dauern.

Blindfisch Hat wohl die Ampel, an der er gerade klebt, übersehen.

Blindgänger Er glaubt von sich er sei ein echter Kracher. Leider macht er meist nur leise »Puff«.

Blindschleich Durch ihre Eitelkeit bleibt das Nasenfahrrad in der Handtasche und wird erst rausgeholt, wenn sie über den gefallen ist, der an der Ampel klebt.

Blunz Wird durchaus als Schimpfwort verwendet, eignet sich aber besser zum Essen. Schließlich ist eine Blunz in *Rhoihesse* die Bezeichnung für eine leckere Blutwurst. Mit einer als Blunz titulierten Person meint man etwas anderes, im Zweifelsfalle sehen beide gleich aus.

Blutsauger *Borehemmelweibschär* (Stechmücken), die saugen auch Blut, aber unser Blutsauger ist ein gnadenloses Schwein, das seine Mitmenschen ausbeutet.

Bock Der geile Bock leidet unter akutem Blutmangel im Gehirn, da sich das meiste seines Blutes im Genitalbereich befindet.

Bohnestang Überaus lange und dürre Person, sehr gefragt beim Basketball.

Bollerkopp *Zack, so schnell kannste net gucke, wie der schun wirre am Rumnörgele is!*

Brechmittel Es muss nicht sein Aussehen sein, was einem den Würgereiz bekommen lässt. Kann aber.

Brickepenner Ein sozialer Abstieg ist nicht mehr möglich, er ist schon ganz unten angekommen. Einziger Vorteil gegenüber anderen Pennern: Er hat noch ein (Brücken-)Dach über dem Kopf. Kein Mensch, mit dem man tauschen möchte. Ein armes Schwein.

Brilleschlang Ich gehöre selbst dazu, also überspringen wir das.

Brüllaffe Es gibt Menschen, die sind dumm, hysterisch und schreien auch noch laut herum. Wenn sie das nicht machen, dann leidet ihr Selbstwertgefühl.

Brummbär Sitzt vor der Höhle, und *Sie* lässt ihn nicht rein. Also im Wald, in Kanada oder so.

Brunzer *Stratzt* (pinkelt) zum Leidwesen anderer in der Gegend herum.

Bumbesje kann laut oder leise, mit einem Grinsen im Gesicht oder die Wangen vor Schamesröte erglühend aus dem Hinterteil entfleuchen.

Bürohengst Obwohl eine tierische Bezeichnung vorliegt, handelt es sich hier ganz sicher nicht um ein Arbeitstier, einige Ausnahmen kann es aber natürlich auch hier geben. Meist der Herr, der glaubt, alle Kolleginnen würden ihn bewundern.

Butzdeiwel Sieben Tage, vierundzwanzig Stunden mit Schrubber und Putzeimer im Haus unterwegs, da kann es schon starke Beeinträchtigungen im normalen Leben geben.

Butzebebel ein Nasenpopel; warum einer so beschimpft wird, keine Ahnung – vielleicht hat er eine Ähnlichkeit.

Bürohengst

C

Chaot Hat nicht unbedingt mit Unordnung zu tun, denn die meisten Menschen verstehen nur die Arbeitsweise von Chaoten nicht!

D

Daachdieb *En Nixnutz, der aam die Zeit klaut!* Das sind so die Menschen, die niemals merken, wenn *kaa Zeit hat.*

Dabbes, Dabbesje Dieser Ausdruck fällt meist, wenn sich die Kids etwas ungeschickt angestellt haben, eignet sich aber auch ohne Nebenwirkung für alle Altersklassen.

Dabisch Klingt zwar arabisch, ist es aber nicht. Da klopft einer mit dem Hammer einen Nagel in die Wand – und … ah ja, Sie kennen es. Tut weh, gell?

Dachteler *Du kriest gleih onie gedachtelt!* – was so viel bedeutet wie: Gleich gibt es eine Frucht, eine Südfrucht, um genau zu sein, eine ganz spezielle Feige fürs Ohr.

Dämel Ein wirklich dummer Kerl! Gerne auch als *Dämlack* unterwegs.

Deetz Alles ab Halsansatz nach oben; kein eigenständiges Schimpfwort, aber wenn *de oh vor de Deetz kriest, des tuut aach weh.*

Deiwel Verbündeter aus der Hölle, der versteht keinen Spaß. Fragen Sie mal den Dr. Faust.

Depp Bei voller Auslastung seiner Gehirnzellen kommt er maximal auf einen IQ von 30 bis 40, was nicht wirklich böse gemeint ist. Ist halt so. Die *depp Sunneblum* ist dann die Vollversion für das blonde, weibliche Geschöpf mit geistigem Anbaugebiet.

Derrappel Dieser Mensch sieht halt aus wie ein vertrockneter Apfel oder ein Ast.

Derrfleischreisender *Ei, der sieht jo aus wie em Tod soin Derrfleischreisende,* der hagere und dürre Gehilfe des Sensenmanns.

Dickkopp Erkläre einem Dickkopf mal etwas, wenn er nicht will – der geht mit dem Kopf durch die Wand und anschließend über Leichen.

Dickschädel Bruder vom Dickkopp.

Dierschlinkeputzer Immer abschlussorientiert. Geht einem schon nach dem ersten Klingeln auf die Nerven: »Guten Tag, ich bin von der Firma Grüne Staubsauger und Co.«

Dippegucker Ein Ehemann, der mit seiner Neugier ständig stört und während des Kochvorgangs immer wieder in die Töpfe glotzt und natürlich alles besser kann.

Dollbohrer Der Typ hat nur ein Problem. Sich.

Dollpatsch Der Elefant im Porzellanladen, er meint es nicht böse, aber seinem Naturell entspricht es, mit Ungeschick aus schönen Sachen Scherben zu machen.

Doofi Klein Doofi mit Plüschohren – die Verniedlichung eines sich in der Entwicklung befindlichen Volldeppen.

Dorfdepp Den gibt's in jedem Kaff. Entweder steht er an einer Kreuzung und regelt der Verkehr von den Kühen oder er hängt im Wingert rum und jagt mit der Steinschleuder die Weinbergschnecken.

Dösskopp Der Bursche ist etwas schwer von Begriff und trägt für gewöhnlich ein Brett vorm Kopf – auch noch voller Stolz.

Dösspaddel Immerhin erfindungsreich. Er hat dem *Dösskopp* das Brett geklaut und benutzt es als Paddel.

Drache Meist die Bezeichnung für den gesetzlich angetrauten Albtraum oder für die Schwiegermutter.

Dreckbangert *So en rischdisch klaane Deibel!*

Drecksack *Was en Drecksack!* Da liegt schon fast eine kleine Anerkennung für seine Schandtat im Unterton. Wenn aber das Schimpfwort *dreckischer Drecksack* kommt, dann war's wohl doch zuviel.

Drecksau Früher Feierabend als sonst, du kommst nach Hause. Die Jacke vom besten Kumpel hängt noch hier – wieso eigentlich? Was sind das für Stimmen? Kurzer Blick ins Schlafzimmer: Deine Frau mit deinem besten Kumpel im Bett …

Driggeberger *Jo, wenn's ums Schaffe geht, sinnse all fort,* das Arbeiten haben sie ja auch nicht erfunden. Aber es ist schon interessant, auf welche Art und Weise sie sich verdünnisieren. Eine Wissenschaft für sich.

Drufgänger *Do werd net lang gefackelt, do geht's glei zur Sach,* ohne Rücksicht auf Verluste.

Duckmäuser Er lässt ohne Widerworte alle Demütigungen seiner ach so geliebten Gattin über sich ergehen. Echt ein armes Schwein, aber wehe, er erwischt seinen Teddybär mal alleine. Dann gibt's Haue.

Duddeler Der Duddeler duddelt sich einen, er gießt sich zu. Besser gesagt, er schluckt ein paar – nach oben keine Grenzen.

Dummbabbler So viel Mist produziert noch nicht mal ein Bauer auf seinem Hof, wie dieser Zeitgenosse in zehn Minuten von sich gibt.

Dummbeutel Die Füllung macht's. Wo nix drinn ist, kann man auch nichts rausholen. Erstaunlicherweise geht aber auch nix rein.

Dummche Verniedlichung einer dummen Person. Wird aber auch liebevoll verwendet: *mein kleines Dummche,* wenn sie wiedermal den Reifenstapel in der Garage umgenagelt hat.

Dummkopp Alles eine Fraktion*, nix im Hirn, aber mitbabbele wolle.*

Dummschul Scheinbar die Ausbildungsstätte für eine gewisse Art von Leuten. Damit sind aber in keinster Weise Sonderschulen gemeint. Dummschulen findet man überall im täglichen Leben, sei's zu Hause, im Büro oder auf der grünen Wiese. Hier noch einige Absolventen:

Dummschwätzer Redet Blödsinn, weiß alles besser und lässt sich dabei auch nicht ausbremsen. Er gehört zu den Musterschülern.

Dummschwaller Lallt wie der *Dummbabbler* auch nur Mist, holt aber dabei keine Luft und scheint nimmer enden zu wollen.

Dumpfbacke Eine, die sehr schwer von Begriff ist. Legendärer Ausdruck von Al Bundy, Sie wissen schon, dem Schuhverkäufer aus dem Fernsehen.

Dünnbrettbohrer Um diese anspruchsvolle Arbeit gerade so zu erledigen, müsste er all seine geistigen Kräfte mobilisieren. Das ist das Problem.

Dunsel, bleed Schlicht und ergreifend eine dumme Frau

Dusseltier Plant seine Schusseligkeit nicht, das passiert halt so und ist niemals von großer Bedeutung. Im Sinne von *Da hast aber Dussel gehabt* steht Dussel für Glück.

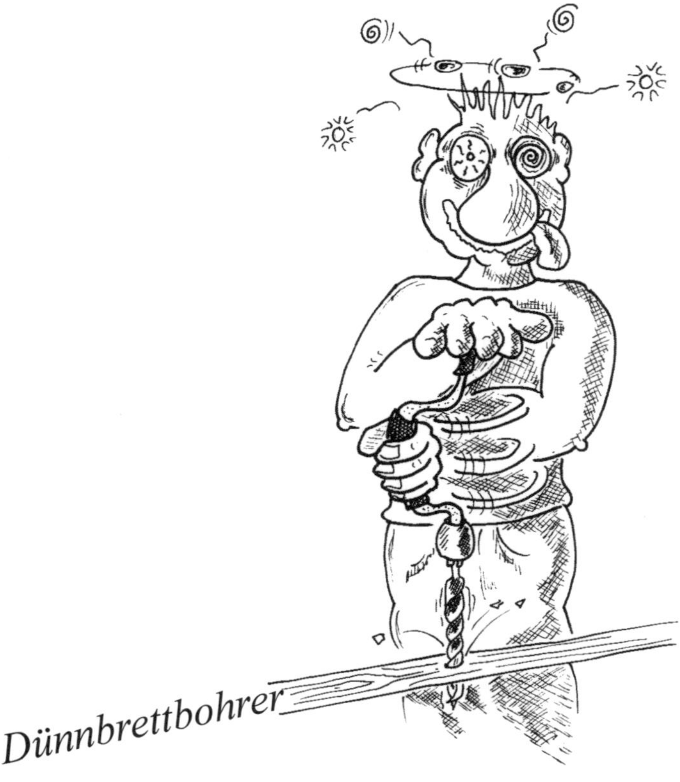

E

Edepedede Diese eingebildete Ziege glaubt, sie sei etwas Besseres, *alla, dann lasse mer se halt.*

Egel Hier wird die Abscheu des Gegenüber zum Ausdruck gebracht: eine richtige widerliche Person.

Eierkopp Da habe ich es wirklich schwer: Zum einem wird einer so gerufen, wenn der Haarschopf schon lange Geschichte ist und die Kopfform doch schon an ein Ökoei erinnert, aber anders auch ein extravaganter, der leicht durchgeknallt die Welt nur noch in groben Zügen wahrnimmt – *sucht eisch ohner aus.*

Endearsch Kommt von Ente. Schauen wir doch einmal auf die possierlichen Tierchen, die sich nebenei auch im Backofen sehr gut machen, genauer an. Stellen wir dann bei einer Person einen ähnlichen Pürzel fest, haben wir unseren *Endearsch.*

Enganzgenaue Ein Pedant, wie er im Buche steht – da sind Sekunden bei einer Zeitansage für ihn nur Grobzeug. Möge das niemals dein TÜV-Prüfer sein!

Ent, lahmie Extremlangsamgehenderbewegungshasser

Erbschleicher Ein ganz raffinierter: Da wird so lange brav gespielt, bis der überaus Geehrte endlich die Freuden des Himmels (ok, eventuell auch die Unannehmlickeiten der Hölle) genießt. Dieser Schleicher ist ein absolutes Charakterschwein!

Erbsezähler Das ist ein Geizknochen, da werden die Schotten blass.

Esel Der darf natürlich nicht fehlen. Steht er bei den Bremer Stadtmusikanten ganz unten, so steht er bei uns ganz oben im Angebot der nicht allzu boshaften Schimpfwörter. Ein Esel ist manchmal so störrisch wie töricht, er kann es halt nicht lassen, der alte Esel.

Eul Je nach Bedarf für die/den zurückkehrenden Nachtschwärmer.

Eumel Ein fast blöder Mensch, Tendenz steigend.

Ewer Männliches Schwein, charakterlich wie auch eventuell von wildsaumäßigem Äußeren.

F

Falscherfuffzischer ja, damals, das Fünfzig-Pfennig-Stück … aber unser *falscher Fuffzischer*, das ist ein Sauhund, eine ganz linke Bazille; der lächelt dir ins Gesicht und klaut dir dabei deine Geldbörse aus der Hose.

Faulbelz lässt Dinge einfach sein. Wer versucht, diese Person zu motivieren, irgendwas zu tun, macht sich schnell einen Feind. Er schafft es immer wieder, die Dinge auf die lange Bank zu schieben, und irgendein Trottel macht es dann doch für ihn.

Faulenzer Das ist der Faulbelz in seiner aktiven Phase.

Ferkel für die Kleinschweinereien zuständig. Wird meist bei den lieben Kleinen angewandt.

Fettarsch, -bombe, -moppel, -mops, -sack, -sau etc. Klar, eine Hungerfigur ist damit bestimmt nicht gemeint, auch nicht die beleibte Dame oder der Herr, hier handelt es sich um ein fettgefressenes Wesen, das sich jenseits aller vorhandenen Konfektionsgrößen bewegt.

Fieser *Fiese Sau, fieser Hund,* ein unfairer Mitspieler. Der arbeitet mit illegalen Methoden.

Fiesling Den mag auch keiner.

Fischkopp Alle, die nördlich von Bingen leben, Zugezogene, auch wenn sie schon länger in Rheinhessen leben, *sind un bleibe fer uns die Fischkepp.*

Fissemadentemacher Der macht selten etwas aus eigenem Antrieb. Wenn er aber etwas macht, dann mit so einem *Umstandsgeworschdel, dass es nemmer schee is. Also, jetzt mach ko Fissemadente.*

Flabbes Unzuverlässigkeit ist seine Stärke, ohne Wenn und Aber.

Flachschipp Der ist für nix zu gebrauchen.

Flachwichser Verbrieftes geistiges Armutszeugnis. Wird nicht nur von Rheinhessen angewandt.

Flasch Ja, da haben wir ihn, den Versager auf der ganzen Linie.

Fleebutz Mieser Mensch – oder haben bei diesem *Hund mit Flee* vielleicht die Flöhe einen miesen Charakter?

Fleedut Sagt man im Scherz für besonders hippelige Personen.

Flittche Sie diente schon fast allen männlichen Einwohnern im Dorf als Matratze, jeder Mann kennt und grüßt sie – natürlich nur, wenn seine Frau oder Freundin gerade nicht dabei ist.

Forzathlet Macht viel Wind und dabei nicht immer eine so grandiose Figur.

Frechdachs Auch die ganz Kleinen werden bedacht, der hier ist aber harmlos! Der Kleine nimmt z.B. sein Schäufelchen und macht der Oma vier Krümel Sand auf die Schuhe: *Du Frechdachs!* Nimmt aber unser kleiner Zuckerwurm die Blechschaufel und zieht sie genussvoll quer über Omas neues Cabriolet, dann ist das kein Frechdachs mehr – dann rastet Oma aus und liest einmal das ganze Schimpfwörterbuch von oben bis unten vor und enterbt den *Dreckbangert*.

Fregatte Ursprünglich eine Bezeichnung für einen schwerbewaffneten Dreimaster. Wenn heute die Schwiegermutter so aufgetakelt ankommt, *da gibt's nix zu lache*. Da ist Windstärke 10 angesagt!

Fresskopp, -sack Kein Kostverächter! Was und wieviel auf den Tisch kommt, es wird auch gefuttert, und wenn er sich dabei halb zu Tode frisst, *des muss noch enoi*. Dementsprechend sieht unser *Brummerche* dann auch aus.

Frotzeler Nimmt seine Mitmenschen gerne *uff die Schipp* und verbrennt sich dabei häufig die *Schnuut*.

Furie Jeder Versuch, dieses durchgeknallte Weibsbild zu zähmen, ist hoffnungslos.

Fuscher Alle, die sich einen feuchten Kehricht darum kümmern, ob etwas so sein muss oder nicht, die machen es sowieso, wie sie es wollen. Meist mit niederschmetterndem Ergebnis.

G

Gaas Hat nichts mit Erdgas zu tun, hier ist ganz klar die Neugier einer Ziege gemeint, die überall ihre Nase reinsteckt.

Gaasbock Der *Gaasbock* ist nicht ganz so neugierig, dafür aber umso starrköpfiger.

Gassegicht *Ei, ich krieh glei die Gaasegicht*, wenn etwas überhaupt nicht funktioniert.

Gaggerlies Bla, bla, bla, bla … *was gaggerste dann do dauernd erum!* Meistens wenn zwei und mehrere Frauen oder Mädels zusammen sind, dann *werd so rischdisch gegaggert.*

Gammler Herumtreiber, Penner, hat keine geregelte Arbeit, keinen Wohnsitz außer die Parkbank; ist nicht so recht ein Schimpfwort, früher hatten die Brüder auch noch modebewusst lange Haare.

Gengster *Billischkrimminelle, der sollt besser nix klaue,* weil das sowieso schiefgeht, und dann sitzt der *Dabbes* wegen irgendeinem Kleinkram in Knast.

Gardezwersch Strahlt so etwas von einem Gnom aus, nicht ganz unsympathisch, aber mit großer Vorsicht zu genießen. Frauen mögen diese Sorte Minimänner meist gar nicht.

Gauner Wenn der Verkäufer sagt, das Auto ist garantiert unfallfrei, noch bevor du ihn überhaupt danach gefragt hast, dann will der dich *ibber de Disch ziehe.*

Gehirnamputierter Aufgeblasener Dummkopf, dem es sichtlich schwer fällt, seine Dummheit im Vakuum zwischen den beiden Höreinflusskanälen zu verstecken.

Geistreiche Zum Beispiel Leute wie Autoren und Verleger von Schimpfwörterbüchern.

Geizhals, -knopp, -kraache, -krippel Ein wegen Verschwendungssucht ausgewiesener Schwabe, und lass dir eines gesagt sein: Der bückt sich immer, wenn etwas auf dem Boden glänzt. Es könnte ja …

Gewitterhex Sonderform der Hexe, zickig, wettert schnell und fühlt sich im größten Donnerwetter so richtig wohl.

Gezoppels Saupack & Co. – wo die auftauchen, fehlt kurze Zeit später irgendwas, aber bis du es merkst, ist das Gesindel über alle Berge.

Gierhals, -schlund Den Hals nicht vollbekommen, mehr in sich hineinstopfen, als geht. Geld vermehren, zusammenraffen, ja, am liebsten würde er das Geld fressen.

Giftmischer, -nudel, -zwersch Die Giftmischer, das ist die notleidende Apothekerzunft, oder der Opa im Garten, der noch irgendein altes Zeug zum Unkrautvernichten im Schuppen hat und die Brühe selbst zusammenmixt.

Giftnudel Da fragt man die Veräuferin freundlich, ob es die Hose vielleicht auch in schön gäbe, und da wird die doch so was von schnippisch, die …, die giftisch.

Giftzwersch Da isser ja wieder, der Liebling aller Mädels.

Gipskopp Das ist wie bei der Weihnachtsgans. Die Füllung hat jeder anders.

Glatzkopp Kojak, *do isses Knie schun ziemlisch frieh dorschgekomme!*

Glotzkopp Mann sieht Frau, Frau verflixt hübsch, Mann erstarrt, weil er gerade gewisse Details in Augenschein nimmt, und ihm fallen fast die Sichtungsorgane aus der Birne. *Was glotzte dann so, heh?*

Gluck Ein weibliches Federvieh. Die menschliche *Gluck* benimmt sich annähernd so umsorgend mit ihrem Zögling, wie es das Federvieh im Stall macht. Wenn der Nachwuchs dann das Prädikat Mamasöhnchen erhält, ist alles erklärt.

Golo Steht als Bezeichnung für ein Großmaul: *Mach net so de Golo, du Aagebber!*

Graf Rotz Adel verpflichtet, nicht aber bei unserem *Graf Rotz;* dieser hochnäsige, eingebildete Schnösel hat die Nase so weit oben, dass bei Regen Wasser hineinläuft.

Griesgram Knorrischer Nachbar. Diese Knülche kennt man: Kaum hängt was über seinem Gartenzaun (wie kotzende Gäste bei der letzen Party), wo auch die alte Deep-Purple-CD um drei Uhr nachts mal wieder so richtig zur Geltung kam … da macht der schon Stress.

Grissel Noch knorrischer, der Nachbar von der anderen Gartenseite. Da wurde sein Garten mal richtig gedüngt, da plärrt der mitten in der Nacht los. *Leut gibt's ...*

Großduher Macht Wellen ohne Ende, der Warmbader.

Großkotz Mein Haus, mein Auto, mein Segelboot, *mei Nerve ...*

Gruschär Also, *wenn der am Rumgrusche is ... der find nix, der alte Gruschär.* Sein Saustall hat aber schon fast wieder Charme, und garantiert kommt das eine oder andere Kleinod nach einer gründlichen Aufräumarbeit zum Vorschein.

Gurk *Du alt Gurk,* ein Schlaffi, der schwerlich für irgend etwas zu begeistern ist.

H

Haffezott Rheinhessen liegt, wie der Name schon sagt, am Rhein, und da gibt es bekanntlicherweise auch Häfen! Und wo ein Hafen ist, da ist auch mindestens *e alt Haffezott.* Die Körperausmaße erinneren dann doch sehr an einen Schiffspoller, und dann ist die Mutti auch bestimmt nicht aufs Maul gefallen, und wer ein paar Euro locker macht, kann sich dann auch die fetzigsten Krankheiten aus nah und fern holen.

Halbdepp Nur eine Wortspielerei; es handelt sich hier um ein Prachtexemplar eines Volldepps.

Halbhern Hier existiert höchstens eine Gehirnhälfte. Die andere Seite ist mit Füllmaterial ausgestopft.

Hallodri Ein Hansdampf in allen Gassen.

Halsabschneider Der ist nicht mit dem langen Messer unterwegs, aber er versteht es auch so, mit Knebelverträgen oder anderen geschickten Methoden dir die letzten paar Cent aus der Tasche zu ziehen.

Halunk Beginnt seine Karierre als Lausbub oder Bengel, wird dann zum Schlitzohr und spezialisiert sich dann als *Halunk* oder *Gauner*. Nach einer kriminellen Fachausbildung kann er sich danach zum Halsabschneider zertifizieren lassen.

Hammel Störrisch wie ein Schafsbock!

Hannebembel Normalerweise gibt es solch komische Figuren in Rheinhessen nicht, aber da die Grenzen mittlerweile auch offen sind für Hessen, sind wohl ein paar

Kasper aus der Mainmetropole übergelaufen ins schöne Rheinhessen und meckern dort an allem herum. (Nur nicht falsch deuten: Das sind solche, die der Normalhesse mit Freuden ziehen lässt!)

Hasehern Bezieht sich auf die Gehirngröße, die Aufnahmefähigkeit und die eingeschränkte Denkfähigkeit. *Bringste was zum Trinke mit? – Ja. – Zwei* Stunden später: *Un, wo isses Trinke jetzt? – Mist, hab ich vegesse! – Du Hasehern!* (Klingt fast wie *Hessehern,* aber *es Hasehern is greeßer.)*

Hausdrache Wenn sich die einst Geliebte stark verwandelt hat! *Am Drachefels war ich emol veliebt, hab net gewusst, dass es noch Drache gibt! Doch heit kenn ich mich mit dene Viecher aus, hab selber so en Drache jetzt zu Haus!*

Haustyrann Was da noch fehlt, ist die Krönung, und schon würde der Haustyrann legitimiert, seine Tyrannei zivilrechtlich durchzusetzen. Aber so eine Idealbesetzung des Familienmenschen kann schon mächtig für Stress in den vier Wänden sorgen. Geschlechtsneutral, gilt für Männlein und Weiblein.

Heckebangert Wenn der normale Bangert unehelich ist, kann der *Heckebangert* ja auch nur unehelich auf der Bank gezeugt sein, oder? Als wir als kleine Kinder immer unserem Nachbar die Äpfel vom Baum klauten, rief er: *Ihr verreckte, versaaschte, dreckische Heckebangert! Wenn ich eisch erwisch, dreh ich eisch de Krutze erum!*

Heckeschisser Angsthase, versteckt sich am liebsten hinter Hecken oder hinterlässt dort tatsächlich etwas.

Heini Das war mal nur ein Vorname, aber warum die Leute so böse über den armen Heini reden? Keine Ahnung. Ich zumindest mag Hein Blöd.

Henker Was da einst als Beruf am Schafott galt, kommt heute in verschieden Redewendungen vor, wie: *Zum Henker noch emol! ... Der fährt jo wie en Henker!*

Hergeloffene *Was issen des fern Hergeloffene?!* So oder so ähnlich nimmt man eines dieser Geschöpfe wahr. *Mer waaß net, woher der kimmt, un was der iberhaupt do will – un außerdem: Den mag ich net!* Also, wenn das keine Vorurteile sind!

Hernloser *E bisje begriffsstutzisch isser,* und was er so gerade denkt, bekommt er wahrscheinlich nicht mit. Besser den Mund halten und ignorieren.

Hersch Wen der losröhrt, dann gute Nacht. *Dann werd ich aber zum Hersch!*

Heulsuus Die findet man oft in den Nachmittagstalkshows. »Hilfe, mein Hamster säuft immer den Klosterfrau-Melissengeist von der Oma aus! Liebe Bärbel, Hans oder Arabella, ich kann doch die Oma nicht wieder aus dem Käfig lasse!«

Hex Seit Grimms Märchen ein Begriff.

Hinkel *Was e verrickt Hinkel*, dieses leicht verrückte, ziemlich flatterhafte Frauenzimmer, nicht unbedingt ganz ernst zu nehmen.

Hinneradler Das gleiche wie ein *Heckrohrspezialist*, also wenn die *Naschkatze* nur *Bube* sind.

Hinnerfotzischer Ein ganz hinterlistig Geselle, *der is net vorne wie hinne.*

Hipper *Du jung Hipper,* der Kleine ist halt noch etwas unerfahren.

Hirni Schmalspurdenker, dessen geistiger Horizont ruckzuck übersehen ist.

Hitzgiggel
Leicht erregbarer, jähzorniger Kampfhahn in Ruhestellung.

Hitzkopp Ein Choleriker, der gerade auf der Höhe eines Wutanfalls ist. Ab dunkelrot wird es bedenklich.

Hohlkopp Dumm gebore un nix dezugelernt.

Hohlroller Der ist dumm wie ein Toaster.

Holzkopp Einen alten Baum soll man nicht mehr verpflanzen, und wenn bei jemandem im Kopf die Verholzung schon so stark vorangeschritten ist, dann besser auch nichts mehr Neues dazupflanzen, denn die geistige Flexibilität ist dementsprechend auch verholzt bei dem sturen Bock.

Hornochs Eine dieser wundervollen Gestalten, denen man alles tausendmal sagen kann, und dann kommt: *Na, des kann ich net.*

Hosebloser Im wahrsten Sinne des Wortes. Dieser Angsthase ist auch noch so nervös, dass seine Abwinde im Rückstoßprinzip eingesetzt werden um schnell zu verschwinden.

Hossescheißer Ein kleiner Bub, der die Sache noch nicht so recht im Griff hat. Aber wir haben es auch alle lernen müssen – kein Grund zur Aufregung, aber ein

Hosseschisser, das ist der Bub als Mann, und der hat vor lauter Feigheit die Hosen voll.

Hossewackler Mehr Schein als sein. Der gibt nun wirklich vor, mehr drin zu haben, als da ist.

Huddler *Net kleckern! Klotze!* Dann wird schon mal gehuddelt. Schnell, schnell, dann bleibt wieder mal die Hälfte auf der Strecke. *Hauptsach, fertisch.*

Hund Läuft auch gerne als Sauhund, Lumpehund, Dreckhund durch die rheinhessischen Niederungen. *Uff de Hund gekomme* sind die Ärmsten der Armen.

Hur Das ist nicht die Schwester von Ben, sondern eine Nachfolgerin von Eva, die ihr Geld im horizontalen Gewerbe verdient. Trotz meist liegender Arbeit ist es für die Mädels wohl eher ein Scheißjob.

Hurnbock Der ist Nutzer vom Horizontalgewerbe. Ohne die Brüder gäbe es das ganze Gewerbe nicht, aber komisch, nur den Frauen nimmt man es übel.

Hutsimpel Sie kennen das alle. Langsam, gaaanz laaang-saaam, fährt dieser *Hutsimpel* mitten auf der Straße vor einem her.

Hutzelmännsche Ein vom Leben gezeichneter, alter, kleiner Mann mit einer freundlichen Ausstrahlung. (Ich weiß: Schimpfwörterbuch. Aber wartet doch mal ab!)

Hutzelweib *Was e alt Hutzelweib,* so bezeichnet man eine kleine, verschrumpelte, verschrobene ärmliche, alte Frau. (Zufrieden?)

I

Iddi Schnellschimpfwort für zwischendurch, wenn keine Zeit ist. Steht im Volltext für

Idiot Leider, leider, es besteht überhaupt keine Chance auf Besserung. So Leute kann man nur still erdulden.

Intelligenzbestie Der ist so schlau, dass es einem schon schlecht wird. Dieser Besserwisser lässt einen immer schlecht aussehen.

Intelligenzbolze Gehört alles irgendwie zusammen, es sind die Helden pur.

Iwwergescheide Der letzte im Bunde der wahrlich Bewundernswerten. Ein Problem haben diese *Superhirnis* aber alle gemeinsam, sie sind einsam. Es will keiner was mit ihnen zu tun haben – die nerven!

Iwwerkandiddelter Lackaff Der steht etwas leicht daneben. Bitte einmal nachmachen: rechte Hand ausstrecken, kleinen Finger ganz stark abspreizen und einen verächtlichen Blick zum Nachbarn werfen, gut. Das ist so die Kategorie, noch im feinen Dress und Schampus saufend – besonders peinlich sind dann die Nachahmer, die diesem Gesocks auch noch schön tun.

Iwwerrhoiner *Des iss n Hesse, net bees gemoont, aber des iss so.*

iwwerzwersch Hier sind die Gedanken wohl in den Mixer gekommen, der Kerl ist vollkommen überdreht. Folge: *Dappischkeit* kennt keine Grenzen.

J

Jammerlabbe Alles ist so schlecht und wird noch viel schlimmer, der braucht ein Schlauchboot, damit er vor lauter Selbstmitleid nicht in seinen Tränen ertrinkt.

Judas Sinnbegriff für Verräter. Wenn einem jemand dieses Wort um die Ohren knallt, sollte man schon mal nachdenklich werden, gell, Herr …

Jungspund *Der is jo noch grie hinner de Ohrn. Der hot noch die Eierschale an soim Plattkopp bappe!* Auch wir waren einmal unerfahren …

Jammerlabbe

K

Kaffer *Kimmt vum Kaff.* Hat nix mit *de Tass Kaff* zu tun. *Die wohne halt hinner de Hecke, in so Aasiedlunge.*

Kamel Und schon sind wir wieder mitten im Straßenverkehr.

Kanaille Aus dem Franzland. Bösartiger, meist weiblicher Mensch, die es darauf abgesehen hat, anderen mit ihrer durchtriebenen Bösartigkeit den Tag zu versauen.

Kanake Dummköpfe benutzen dieses Wort in abwertender Weise für Ausländer, besonders türkischer Abstammung. Dass Kanake aber eigentlich ein Eingeborener in Polynesien ist und Mensch heißt, ist diesen Dummköpfen unbekannt.

Kasper In der Gruppe die unersetzbare Spaßnudel, geladen mit einem Witzpotential, dass einem die Bauchmuskeln vor Lachen schmerzen. Er hat es natürlich um so schwerer, mal ein ernstes Wort zu wechslen.

Kellerassel Klassischer H0-Eisenbahn-Freak, der im Keller eine 30 Quadratmeter große Modelleisenbahn aufgebaut hat und dadurch kaum ans Tageslicht kommt; gilt auch für alle anderen, die den Keller jeder anderen Schönheit dieser Welt vorziehen. Ist im Hochsommer meistens von sehr weißer Hautfarbe geprägt.

Kindskopp Aus dem Kindesalter schon längst heraus, kann die Alberheiten einfach nicht lassen. Warum auch?

Klatschmaul *Haste schon geheert ...* und so geht die Lästerei ihren Weg. Heutzutage ein Mobbingspezialist.

Kleeskopp Hat statt anderer Füllung eben Klöße in seiner Denkhalle.

Kloobe Ein rauher Geselle, der recht gefühllos ist.

Klopper Gewalttätiges Individuum, sehr unangenehmer und roher Zeitgenosse. Ein *Sprichklopper* ist einer der Nachfahren der Gebrüder Grimm: nur Lügenmärchen.

Klotz Ihn als Feinmotoriker zu bezeichnen hätte zwar Heiterkeitsausbrüche zur Folge, aber der Kerl ist ein Grobian, wie er im Buche steht.

Klugscheißer Meist kommt ein dünnflüssiger überflüssiger Erguss aus dem Loch unter der Nase.

Klumbewutz Eine dicke, unförmige und obendrein auch noch hässliche Frau. Wo die auftaucht – Flucht!

Knaggi Er bezieht seine Gardinen aus Schweden..

Knalldut Scherzfigur, hat zwar selbst einen Knall, bringt aber einen Knaller nach dem anderen.

Knallkopp Bei ihm hat es einen Supergau im Großhirn gegeben, deswegen mittelprächtiger bis schwerer Dachschaden.

Knatschsack Er gibt den Morgenmuffel ganztags.

Knauserer Ihm eine Lokalrunde zu entlocken ist eine Lebensaufgabe.

Knilch Äußerste Vorsicht ist geboten. Der läuft einem immer zwischen den Beinen rum, knallt aber dann meistens mit dem Kopf von unten gegen die Tischplatte.

Knollebob Weniger nette Politesse, weibliche Ausgabe vom *Knolledepp*, auf hochdeutsch: Strafzettelpuppe.

Knolledepp *Der hot mer schon widder en Strofzeddel an die Scheib gebabt, hät der was gescheides gelernt, hät der aach en gescheide Dschob!*

Knoblauchfresser Kleine stinkende rheinhessische Fangemeinde, die dem Knoblauch verfallen ist. *Ei, des schmeckt jo aach lecker un werde im Hermann-Kochbuch deswege aach genomme!* Früher böses Schimpfwort für südländische Mitbürger.

Knodderbichs *Immer un ständisch ebbes am rumknoddern.* Da wird gemault, gemeckert und genörgelt. Mit nichts ist die *Knodderbichs* zufrieden.

Knodderer männliche Form von *Knodderbichs*.

Kordeldepp Hört gerne zu, lässt sich leicht einwickeln. Ein kleiner, harmloser Trottel, dem man erzählen kann, dass Dieter Bohlen das Nibelungenlied geschrieben hat.

Körnerfresser Als einst die Ökooffensive in Deutschland ihren Einzug hielt, wurde alles, was selbstgestrickte Pullover am Leibe trug, als Körnerfresser bezichtigt. Hat sich aber im Laufe der Zeit abgeschwächt, da Müsli & Co. mittlerweile gesellschaftsfähig wurden.

Korindekagger Dieser Kleinlichkeitsfanatiker gehört zur großen Gruppe der Nervtöter.

Kotzbrocke Brechreizauslöser. Er wäre mediziennisch prima einsetzbar. In der Nähe dieser Spezialisten fühlen sich Bulimiekranke so richtig wohl.

Knorzer Der Handwerker, der den Weg der Genauigkeit verließ, um scheinbar schneller zu werden. Ein Quotentreiber, wenn es darum geht, Reklamationen zu schaffen. Knorzer gibt es aber auch auf dem Fußballplatz, zum Leidwesen der Beine.

Kracher Der hat den Bock geschossen, positiv oder negativ. Kann auch für ein unwiderbringliches Erlebnis mit Krachereffekt stehen.

Krakeeler Er kann keine Situation so sein lassen, wie sie ist – immer lautstark dazwischen.

Kratzberscht Sex kann so schön sein, aber versucht es nicht mit ihr. SM ist Dreck dagegen, die seelischen Schmerzen, wenn man so was zu Hause hat, sind enorm.

Krauderer Gehört zu der Familie der *Knoddeler*. Die können sich stundenlang mit vollkommen unwichtigen Sachen beschäftigen. Kann ich den hellblauen Topf neben den dunkelblauen, im unteren Schrank, ganz nach hinten stellen oder nicht?

Krawallschachtel Sie sucht nie Streit. Sie ist der Streit.

Kräxer Es kaum zu glauben, welch Leid einem Menschen so widerfahren kann, dann fragen wir doch mal den wehleidigen *Kräxer*.

Kreebarsch nöllendes Etwas, meist in motzigem Zustand.

Krippel Sturer Bock. Aber auch bei der täglichen Arbeit auftauchend. Da steckt zum Beispiel der Splint im Loch und geht trotz Hammer, Öl und Gewalt nicht raus. Dann dringt schon mal aus der Werkstatt: *Du versaachter, verreckter dreckischer Saukrippel du, wenn de net glei nausgehst, dann fliehe hier die Fetze!*

Kröte, Krott sicherlich ist die optische Erscheinung dieser Person eine gewaltige Beleidigung für das Auge, während *a klaa Krott* ein kleines Mädchen ist.

Krotze Kleiner Junge, der gerade wieder mal Opas Pfeife mit Kuhmist gefüllt hat.

Krücke Seine hervorragende sportliche Leistung ist so ziemlich gleich Null. Beim Hürdenlauf bringt er alle mit ins Ziel.

Krümmelpisser Der zählt sogar die Mineralstoffe in einem Sack Blumenerde, dass die ja alle komplett sind.

Kuh Wieder mal ein universell einsetzbares Tierschimpfwort. *Du bleed Kuh, du dumm Kuh, du alt Kuh* ... Dabei sind diese Tiere doch recht gemütlich. Man bezeichnet gerne damit Damen, die auch ein sehr breit angelegtes Hinterteil ihr eigen nennen.

Kümmelspalter Ein ganz Genauer. Bevor man ihm was recht macht, ist viel Überzeugungsarbeit nötig. Aber mal ehrlich, will man das?

L

Laabersack Märchenonkel, der alles schon erlebt hat, schon überall war und grundsätzlich auf jede Frage eine nicht endende Antwort weiß, was durch Alkoholzufluss massiv verstärkt werden kann.

Laabsammler Er hat so ein bisschen einen Schuss weg. Sammelt alles, was ihm unter die gierigen Finger kommt.

Lahmarsch Da nutzt auch keine Motivation, diese Person ist in ihrer Bewegung ähnlich einem Faultier.

Lachfigur Den nimmt keiner mehr so ernst.

Lachdaab Wenn die einen Lachkrampf kriegt, tobt die Party erst richtig ab.

Lackaff Herausgeputzter Angeber. Mit einem großhubraumigen Sportcabriolet beindruckt er am meisten die etwas unkritische, ok, sagen wir es richtig: naive Damenwelt.

Lästermaul O weh, in seine Mühle möchte ich nicht kommen, was aber ganz schnell passieren kann. Denn das *Lästermaul* frönt der üblen Nachrede, und da ist es egal, ob Wahrheit oder Unwahrheit getratscht wird. Hauptsache, das Lästermaul steht im Mittelpunkt.

Lallbacke Mit dem hab ich nicht geredet. Ich bin nicht zu Wort gekommen.

Lamedierer Da läuft nichts ohne Ach und Weh. An allem hat dieser Nieselpriem was auszusetzen.

Langweiler Er schafft es, eine spannende Geschichte so zu erzählen, das man nach zwei Minuten eingeschlafen bist.

Lappeduddel Sinnlos, ihm was auftragen zu wollen. Er bekommt nichts auf die Reihe.

Lattesaascher Sie erinnern sich? Die Party, bei der dann der *Griesgram* (siehe dort) aufgetaucht ist, nur weil sich der *Saascher*, durch seinen Zaun erleichtert hat.

Laumann Nimm dich vor solchen Figuren in acht. Die mutieren zu allen möglichen Begriffen in diesem Buch. Irgendwie eine nicht richtig zu greifende Figur.

Lausbub So soll's ja auch sein, oder?

Leberworscht *Du brauchst gar net die beleidischt Leberworscht zu spiele* ... Und wenn doch, einfach ausmotzen lassen.

Leisetreter Man hat nichts von ihm gesehen oder gehört – er war aber da! Unangenehmer Anschleicher.

Liehebeitel Der Münchhausen unter den Rheinhessen. Der verkauft sogar das Wormser Hagenstandbild an einen Japaner.

Loch Da haben wir sie wieder, die Löcher! Arschlöcher, und unser versoffenes Loch, das schüttet in sich rein, was die Kneipe hergibt.

Luder Ausgeprägte erotische Ausstrahlung, wirkt raffiniert-verführerisch, dieses Weibsbild. Aber Vorsicht! Durchtrieben sind sie allemal.

Lulatsch Man kommt sich plötzlich richtig klein vor.

Lümmel *Du frech klaan Lümmel!* Vorwitziger Junge im präpupertären Alter.

Lumpearsch, -dier, -deiwel, -hund, -sammler Lumpeeeee! Aaaaaaaaalt Eeeeeeeiiiisee! So klangen früher die Schrottfritzen, die zu Fuß vor dem Laster laufend mit der Glocke in der Hand und laut rufend auf Schrottsuche waren; da war auch so mancher *Lumpesammler* dabei.

Lusche Schlaffe, nichtsnutzige Niete.

Lutschär *Der kimmt net aus de Socke.* Also ein Schlaffi, der jeder Aktivtät aus dem Wege geht.

Luuser Englisch rhoihessisiert, eine arme Sau, der Verlierertyp schlechthin.

Lusche

M

Macker Kann Freund oder Mann bedeuten, auch Zuhälter.

Mamabubsche, Mamasöhnche Der hat's schwer, sich mit 40 noch an eine andere Frau zu gewöhnen. Keine kocht, putzt und kümmert sich um alles so gut wie Mami.

Mannweib *Was mer net krie, neme mer uns* ... ein Prachtstück von Weib mit herrischem Ton und maskulinen Einschlägen, ganz nach Arnold Schwarzenegger.

Maschien Vermutet man ein landwirtschaftliches Gerät, liegt man gar nicht so verkehrt: Die Ausmaße dieser umfangreichen Frau sind die gleichen wie eines großen Traktors.

Matschbirne Den Schlamm direkt vom Rheinstrand unter die Großhirnrinde, das erhöht zwar nicht wirklich den Denkvorgang, aber man fühlt sich wenigstens heimisch.

Meckerhannes, Meckerfritze *Denne kann mer nix richtig mache,* jede Ziege ist neidisch auf diesen Zungenschlag.

Meckerliese Weibliches Pendant zu Meckerhannes. Sollten heiraten, die zwei. *Passt schun!*

Memme Der ist so feige, dass er sich sogar vor Mickey Maus fürchtet.

Mempel Anderes Wort für den Busen: *Die hot abber ach Mempel bis zu de Kniekehle.*

Mempelrenne Wenn Frauen zum Rennen antreten (egal, welches Rennen auch immer)

Miesepeter Die Partybremse, das Henkersbeil der guten Laune; dieser Mensch versteht es mit einer Leichtigkeit, einem die Laune zu verderben.

Mondkuh

Milchgesicht Egal, welcher Verbalakrobat sich hinter diesen zarten Gesichtszügen verbirgt, er kann der Mann schlechthin sein. Wenn er aussieht wie ein Milchgesicht, dann sieht er halt so aus, und damit basta!

Mobbel Da trägt man nun die überdurchschnittlich vorhandenen Pfunde am Leib und wird schon wieder deswegen in die Schusslinie genommen; die Mobbelcher sind halt etwas pummelig, na und?

Mondkalb Begriffsstutzig alleine genügt keinesfalls, hier triumphiert noch die Trägheit, gepaart mit einem Blick, der nach Erbarmen schreit. Aber das geht ja auf keine Kuhhaut.

Mondkuh Weiterentwicklung des *Mondkalbs*. Hat schon ein paar Jahre mehr auf dem Buckel, ansonsten bleibt alles beim alten.

Mops Kleine, faltige, recht blöd dreinschauende Nachbarin, äh, Hunderrasse.

Morjemuffel Wenn der Morgenmuffel sich mit einem griesgrämigen Blick wortkarg an den Frühstückstisch quält, kann es schnell ungemütlich werden.

Motzkopp *Simmer wirre motzisch?*

Murkser Hat so ein wenig vom *Knorzer*; bei ihm ist garantiert, das seine Arbeit nichts taugt.

N

Nachtkapp Am besten, wir stellen uns jemanden mit einer Schlafmütze vor, Nachthemd an, leicht nach vorne gebeugt, die Kerze in der Hand, schleicht er so durchs Büro. Der bekommt halt nicht so sonderlich viel mit der Welt.

Nachtwächter Verpennt den Tag, dafür lässt er abends die Sau raus.

Narr Guck ›Meenz bleibt Meenz‹, dann weißt du, was ein Narr ist.

Neidhammel Er kann es einfach nicht ertragen, wenn irgendein Lebewesen in seinem näheren Umfeld etwas hat, das er nicht hat. Und das ist ärgerlicherweise fast alles.

Nervesääsch Absoluter Profi, wenn es darum geht, einem in tausend Varianten auf die Eier zu gehen. Quatscht ständig dazwischen, ruft zwanzigmal am Tag an, kommt ständig ins Büro und fragt laufend nach irgendeiner sinnlosen Kleinigkeit. Blöderweise handelt es sich meistens um den Chef – und sag da mal was.

Niete Fachbegriffe wie *Blindniete* oder *Hohlniete* sind erweiternd. Aber unser Freund gewinnt bei 40 Losen auf dem Rummel noch nicht mal den obligatorischen Schraubenzieher.

Nixduer Däumchen drehen – das war's mit körperlicher Bewegung, maximal noch Bier holen, und wenn er richtig fit ist, lässt er sich sogar das Bier bringen.

Nixnutz Ein absoluter Taugnix, Kannix, Willnix, Sagnix, Machnix.

Nörgelheini Wenn er mal an einer Sache nichts auszusetzen hat, ist er entweder krank oder tot.

Null 0

Nulpe Wenn du ihn nicht kennst, hast du nichts verpasst. Er ist so einfältig wie verdreht, diese Eplun.

Nuss Ein Klassiker der Schimpfologie. Die *doof Nuss* streunt durch alle Fastnachten dieser Welt.

Nachtkapp

O

Obermacker Egal wo! Einer, der etwas mehr zu sagen hat als die anderen. Alle sind gleich, nur er ist halt am gleichsten.

Ochs Werfen wir doch mal den Blick in die Fachliteratur: Ochs, kastriertes, männliches Rind; denoch fehlt bei unserem Probanden nicht das Fortpflanzungswerkzeug, sondern eher das Hirn!

Ohgeber Ein Maulschlachtschwein, ein Wichtigtuer: *Gibt o wie e Tutt voll Micke.*

Olwer *Alt Olwer, musste aber aach iberall ufffalle* ... und das macht er ständig, weil er keine Manieren hat.

Pantoffelheld

P

Pack Pack schlägt sich, Pack verträgt sich. Ach, ich liebe diese Situation! Du stehst an der Kasse in einem günstigen Discounter, vor dir eine weibliche *Klumpewutz* mit Gummistiefel und Jogginghose. Den Einkaufswagen bis Anschlag vollgeknallt, an der rechten Hand ein fettes ca. 20 Jahre altes Mamasöhnchen. Bis jetzt eine durchaus ländliche Situation, doch dann greift der Junge nach irgendwas an der Kasse, und Mama sieht das – mit einer Backpfeife und einem liebevollen Hinweis wird die Sache vor Ort geklärt: *Du dreckischer Saukrippel, wenn de des net glei hielehst, hau ich der was uff die Schnut, dass der die Aache erausfalle!* Eindeutig Pack.

Pantoffelheld Der Arme, da hat die Frau die Hosen an, und er kommt apportierend mit den Latschen im Maul angaloppiert.

Panscher Möge ihn der Blitz beim Sche… treffen, so was macht mer net. *Dem wünsche mer Dorschfall un korze Ärm!*

Pappnas Die Pappnase steht für einen recht flachen Humor. Trotzdem ist ihr Verbreitungsgebiet enorm.

Penner Bekommt leider vom Leben nur noch die schlechten Seiten mit.

Pflaume August Liebevolle Bezeichnung für die Trägheit. *Es geht aach anners! Auf, hopp, bewesch doin Arsch!*

Piddschedappscher Einer, der mit seinem großen Fuß gewiss in jede Pfütze tritt und dabei leider mit dem anderen Haxen schon wieder den Fettnapf umgenagelt hat.

Pingstochs *Uffgedonnert eitler Geck,* rausgeputzt wie das arme Tier am Feiertag.

Pinkel Der *foine* Pinkel ist der Höhepunkt bei jeder Snobistenveranstaltung im Schloss.

Pinsje Ein ganz vorsichtiges, zerbrechliches Menschlein.

Pissnelke Das ist die Schwachblasenfraktion mit einem Konfirmationsbläschen, die in einem WC ihre zweite Heimat wiedersehen, egal ob m/w.

Pisspottschwenker Der hat wohl noch ein Nachttöpfchen unterm Bett? Wer weiß, wofür er das braucht.

Plastiktankwinzer Ja, ja, die Traubenlandwirte und ihre Holzweinfässer! Diese Edlen schauen auf den Plastiktankwinzer mit Gnade (oder Ungnade) herab, dabei hat so manches Holzweinfass seinen Ursprung in einem Bierkeller – das ist aber ein andere Geschichte, die könnt ihr in Hermann, der Winzer, Band 2, ›Was is, geht's net?‹, nachlesen.

Plattkopp Mit ihm hat es Mutter Natur wirklich gut gemeint. Nie mehr zum Friseuer, was kann der da einsparen. Sagenhaft.

Prolo Ist ein dummer, abgewichster Aufschneider der Güteklasse Eins plus. Der ist wirklich so einfach strukturiert, dass für ihn eine Gerade kurvenreich erscheint.

Protzer Hat meist geistig dünn beflügelte, zuckersüße Mädels um sich, knallt die Tausendeuroscheine nur so auf den Tisch und hält sich für den Mittelpunkt der Welt.

Puscher Das gleiche wie Fuscher, hört sich nur anders an, wenn man den Mund noch voll hat.

Plattkopp

Q

Quadratarsch Wehe dem, wo der Platz einnimmt. Bis so was wieder gelüftet wird, kann dauern.

Quadratwichser W^2

Qualle Optisch die gleiche schwabbelige Erscheinung wie das Vieh aus dem Wasser.

Quasseldippe Wird ohne zu labern krank. Kaut dir ein Ohr ab, schwätzt sogar weiter, wenn du schon auf der Autobahn bist.

Quatschkopp Geschwätzig wie das *Quasseldippe*, nur mit einem Schuss fröhlichem Unfug.

Quärtreiwer Eigensinniger Spielverderber, der meint, immer alles anders zu machen, und so eckt er auch schnell an.

Quengler Vorstufe zur Nervensäge, liegt seinen ahnungslosen Mitmenschen mit ständigen Nörgeleien in den Ohren.

Rebepisser

R

Ragger Trauriges Ergebnis nicht kompetenter Erziehung. Mein Onkel sagte immer zu seinem Hund: *Na, du kleiner Ragger!* Aber gut, dafür kann der Hund ja nichts.

Rammler Hat normalerweise ein Fell und vier Pfoten. Unser notgeiler Rammler hingegen ist ein zwanghafter Beischläfer, der versucht alles zu begatten, was nicht bei drei aus dem Wingert raus ist.

Ratte Diese wirre Gestalt ist so ziemlich das Allerletzte, was man so braucht. Durchtieben, schlau und bösartig.

Rattegagel Saurer Wein, z.B. Äppelwoi! *Ei, mit dem Rattegagel wern bei uns Gummern oigelegt!*

Raudi Vorstufe zum Hooligan. Macht alles, aber auch alles kaputt.

Rebepisser Tourist, der das schöne Rheinhessen besucht.

Rechthaber Ein sählbstkriehtischer Mensch.

Reibeise *Wenn die Holde en Knoche is.* Weiblicher, zäher Besen mit reichlich Dampf unterm Hintern.

Rhinozeros Ein Trampel, das schwerwiegende, aber verzeihliche Dummheiten macht.

Rhoibangert Hat mehrere Bedeutungen: zum einen ein uneheliches Kind, zum anderen früher, also ganz viel früher, wenn die Kinder am Rhein gespielt haben – Kinder, klein, frech, nur Unfug im Kopf, spielen am Rhein und ärgern alle anderen.

Rieb So im Begrüßungsritual hier und da üblich: *Ei, gude! Wie geht der's dann, du alt Rieb?*

Riebesießje Kommt von Zuckerrübe. *Du bist mer ä Riebesießje!* Ist eher nett gemeint.

Rindvieh Und wieder so ein Klassiker. Mit allerlei Zusätzen immer wieder gerne genommen.

Ringerutschde *Ringerutschd un hännegeblib* ... nicht rheinhessischen Ursprungs, dennoch hatte dieser Mensch einen gewaltigen Grund, sich im *scheene Rhoihesse* niederzulassen.

Rippelkuche Entweder man trägt die Pickel mit Fassung, oder man leidet darunter; die anderen sehen es sowieso! *Rippelkuchegesicht* betrifft in besonderer Härte unseren hoffnungsvollen Nachwuchs.

Rotzlöffel ungezogener siebenhähriger Windelwinni.

Rotznoos Kein sonderlich appetitlicher Anblick, wenn die Nase tropft und die Zunge das gleich ableckt. *Aber mer muss es hald aach kenne.*

S

Sack Der Nikolaus hat einen (glaub ich wenigstens).

Säckelsaascher Diese Art von Menschen findet man in den frühen Morgenstunden nach einem Weinfest auf der Straße liegend im Tiefschlaf, die den Gang zur Porzellanschüssel nicht geschafft haben.

Sackgesicht Kein schöner Anblick. Alles hängt und labbert da rum. Da denkt man schon mal übers Liften nach.

Säckelwichser Das Schimpfwort ist eindeutig auf das Hosenbillard zurückzuführen.

Saftsack *Der Saftsack hot mer des vesproche un hat's net gemacht!* Unzuverlässiger Vogel.

Saftschupse *Rhoihesse hat ach Fluuchhääfe, also aach Stewardesse, und des sind Saftschupse.*

Satansbraten Der/die/das hat Feuer unterm Arsch, das es nur so qualmt.

Sau An reizvollen Kombinationen mangelt es jedenfalls nicht: *Sauarsch, Sausack;* Mehrzahl für eine Mannschaft oder andere Gruppen: *Saupack.* Also extrem praktischer Begriff, einfach saugut.

Saufbruder Familienersatzgeschwister nicht unter zwei Promille – ansonsten wird er ausgeschlossen.

Saufkopp *Der hot aber aach en Dorscht ...*

Saufnas Ein Spriter unter der Sonne des Herrn, der mit

seinem Glanz in den Augen eine dreispurige Autobahn bei Nacht ausleuchten kann. Sollte er mal nüchtern erscheinen, dann scheint es nur so.

Sauhund Bekanntlich gibt es ja Schweinehunde. Pitbulls sind aber nicht gemeint. Der Kerl hat eine massive Charakterschwäche, er ist link.

doch … **Saukrippel** hört man oft in der Kombination *Saukrippel verreckter,* gehört grundsätzlich zum Vokabular eines einfachen Hobbygärtners, der gerade eine Wurzel eines Baumes ausgräbt und die Wurzellänge massiv unterschätzt hat. Unter *Krippel* steht noch mehr.

Schachdel Wenn die Blütezeit ihres Lebens vorrüber ist und ihre Art geringfügig nervt, ist es nicht auszuschließen, dass sie langsam zur *alt Schachdel* mutiert.

Schambes Der braucht das, sich gern mal für die anderen zum Affen zu machen.

Schauspieler Er bewegt sich auf einem schmalen Grat der Wahrheit und der Lüge, immer darauf bedacht, dass er im rechten Licht dasteht.

Scheelnuss, scheeler Kerl, scheel Rieb Am besten zu Fielmann. Das ist übrigends nicht wegen der Werbung, sondern nur wegen der Reklame.

Scheißkerl Scheißkerle gibt es immer und überall und wird es auch immer und überall geben.

Schickse hochnäsige Zicke. Warum fällt mir jetzt gerade meine ehemalige Chefin ein? Egal. Grüße an Frau T. in Worms.

Schinnoss ein durchtriebener Kerl; ist schon so steinalt, dass es an Wirkung verloren hat, ja fast anerkennend wirkt.

Schlappeflicker Früher war der Schuhmacher damit gemeint, heute hat sich das Wort mit der Umgangssprache liberalisiert, ist also fast kein Schimpfwort, aber eben doch.

Schlappschwanz Kenn ich nicht und will ich auch gar nicht wissen.

Schlappmaul Von wegen schlapp! Das lose Mundwerk ist in der Regel scharf und laut, trifft aber eher auf die Damenwelt zu. Ein Beispiel von zwei Damen auf dem Supermarktparkplatz: *Du alt Schlamp! Wenn de dich net glei vun moin Parkplatz machst, ha ich der uff die Fratz!* Das Ganze so laut, dass es der komplette Straßenzug gehört hat. Die Antwort der anderen Lady ersparen wir uns.

Schlampe *Du alte Schlamp!* Wenig erfreuter männlicher Ausruf, wenn man über das am Boden liegende Bügelbrett fällt und dann locker in den vollen Putzeimer knallt.

Schlampert Männliches Pendant zur *Schlampe*. Kommt aber so gut wie nie vor. Oder haben Sie schon mal einen Mann putzen sehen, meine Damen?

Schlapprissel, -schnuut, -gosch gehören alle zu Familie der *Schlappmäuler*.

Schlaumeier Er weiß es doch sowieso besser als du. Ihn nie nach was fragen, aber so schlau ist man leider auch erst immer hinterher.

Schlawiner Er geht mit einer Portion Raffinesse an eine Sache, das ist schon ganz beachtlich. Ein verschmitztes, pfiffiges Kerlchen.

Schleimer Er kann und darf nicht fehlen. Weltweit anerkannt! Durch den Abbau seines Ehrgefühls und seiner aalglatten Oberfläche versucht er sich immer wieder vor seinem Chef einzuschleimen.

Schleimscheißer Das ist die gefährliche Weiterentwicklung vom *Schleimer* – der geht über Leichen, wenn er für sich damit einen Vorteil erschleimen kann.

Schlitzohr Ein gewiefter Bursche, führt immer irgendwas im Schilde. Meist aber nett.

Schloofkapp, -haub, -mitz Wie Erklärung? Ach so. Gähn!

Schlooftablett Versuchsschläfer bei Bayer.

Schloot *Der qualmt wie en Schloot.* Ja, ja, Rauchen für den Finanzminister.

Schluckspecht Hat immer Durst und ist da anzutreffen, wo es was zu trinken gibt.

Schluri Wenn du dich auf ihn verlässt, bist du verlassen.

Schmarotzer Keine Frage, diese Art hat sich auf der ganzen Welt niedergelassen, ist also nicht nur eine rheinhessische Angelegenheit. Sie leben auf Kosten anderer, die *Schmarotzer*.

Schmierbauch *Der hot vum saufe so en Ranze, dass der soi Ding nimmer sieht.* Nix Bäuchlein – Bauch!

Schmierfink Der Kritiker, der dieses epochale Machwerk der Literatur schlecht oder gar nicht rezensiert.

Schmierkeesgesicht Sieht aus wie ein mit Weichkäse bestrichenes Brot.

Schnadderadad Eigentlich eine liebe Frau, die aber grundsätzlich nie ihre Klappe halten kann.

Schnaddergans Die labert, labert, labert und labert …

Schnapsdrossel Massenhartgasgourmet.

Schnaddergans

Schnapsleich Wenn der Schnaps alle ist, knallt der sich noch den Rest aus dem Benzinkanister in die Birne. Hauptsache, es dröhnt.

Schnarchsack Kommt bei der Erkältung leider vor, dass der liebe Gatte die Nacht brutal zersägt, weil das Näschen zu ist. Hat der Alte aber gesoffen, gibt es ein Kettensägenorchester aus dem versoffenen Rachen, dass selbst die Nachbarn mit Gehörschutz schlafen müssen.

Schneck *Ei, du lahm Schneck!* Da ist die Sportlichkeit angesprochen, so auf 100 Meter an einem Tag. Oder Tempo 50 im Ort, und das nette Wesen vor dir im Auto findet, das auch Tempo 20 langt. *Schneck* kann aber auch als liebevolle Bezeichnung für das weibliche …

Schneckedetschler Hat nix mit Weinbergschnecken zu tun, das ist ein alter geiler Bock, ein Frauengrapscher.

Schneckeludscher Übles Schimpfwort, hat auch nix mit Weinbergschnecken zu tun!

Schneek *Simmer heit wirre e bisje schneekisch! Die Wurst esse ich nicht, da sind so Sachen drin, das esse ich nicht, weil ...* Speisetechnisch ein Grauen.

Schnellmerker Hat zwar Jahre gedauert, bis bei ihm der Groschen gefallen ist, aber immerhin hat er es doch noch geschnallt.

Schnepfe Was für eine eingebildete Ziege, da wird es einem ja nur vom Hingucken schummrig.

Schnorrer *Haste mal ...?* Hat nie und nimmer zu keiner Zeit irgend etwas dabei.

Schnuddeler Keine Chance, *do werd sich ebbes zurechtgeschnuddelt, flott verknorzt.* Also mit der deutschen Qualitätsarbeit ist es bei ihm nicht weit her.

Schnüffler Kennen sich in der Regel besser in deinem Schreibtisch aus als du oder wissen über deinen Kontostand perfekt Bescheid! Nur sie sind nicht von der Kripo, sondern deine Arbeitskollegen.

Schobbepetzer Trinkt gerne mal einen Schoppen oder zwei oder drei oder …

Scholllescheißer Jemand, der sich im Weingberg entleert.

Schrapnell Geschossbezeichnung nach einem alten englischen Artillerieoffizier; wird aber auch gerne für ältere Frauen benutzt, die ein mieses Wesen haben, *du alt Schrapnell!*

Schraubedampfer Aufgedonnerte Ex-Schönheit, die aufgrund ihres Alters mit Farbe alles rausholt, was geht.

Schreihals Ein normales Gespräch ist da nicht möglich! Der Schreihals tendiert immer dazu, noch ein paar Dezibel dazuzulegen.

Schusseldier Ihm kann man nicht böse sein, auch wenn es sich noch dämlich angestellt hat.

Schwachkopp Um Himmels willen keine komplizierten Fragen. Seine Antwort ist entweder peinlich oder kommt nie. Er ist bestimmt kein Held des Wissens.

Schwätzer Siehe unter *Dummschwätzer*, aber, wie gesagt, er hat sein Zünglein nicht im Griff.

Schwein Es gibt ganz viele Schweine: kleine (gut, die heißen Ferkel), dicke, blöde, dreckige, große, Wildschweine, Hausschweine und natürlich das Glücksschwein. Mir gefällt es am besten als Spanferkel, und zwar gegrillt.

Schweinepriester Keiner aus der Kirche.

Schwuchtel Warmer Bruder, der auch ohne Heizung auskommt.

Seggel Vorstufe zum Sack, aber noch die abgeschwächte Form, macht sich gut mit Zusatz wie *Lumpeseggel*.

Selterswasserverschlucker Gast im Weinlokal, der sich als Nichtweintrinker outet – nur selten ein Rheinhesse.

Sesselforzer Technisch begabte Mitarbeiter, die als solche eingestellt sind, halten generell die nette Bürowelt und ihre possierlichen Tierchen, die darin auf Bürostühlen hausen, für *Sesselforzer*. Je dämlicher der *Sesselforzer*, desto bestätigter der technische Mitarbeiter.

Siff-, Sulchkopp So ein knatschiger, klebriger Mitmensch, meist triefen die Haare vor Fett – einfach ein widerlicher Typ.

Simpel Da kommt Freude auf. Wenn man ihn als Kollegen zugeteilt bekommt, ist Schluss mit lustig.

Spanner Fernglas, Leiter und sein Scharfblick – das sind seine Werkzeuge, des Guck-in-die-Zimmer, der sich gern bei Vögeln umschaut.

Sparbrötche ein sparsamer Geizknochen

Spatzehern Also nochmal von vorne: *Spatzehern, Rattehern, Hasehern,* da ist keines so sonderlich groß.

Speckelfe Zart besaitetes Wesen mit graziöser Ausstrahlung, aber mindestens 130 kg Lebendgewicht.

Spiegeleierbauch Der kann seine Eier nur im Spiegel betrachten – sonst ist halt der Bauch im Wege.

Spinatwachtel Dünn- und krummbeinige weibliche Gestalt

Spinner Ob groß oder klein, die Intelligenz dieser Leute tendiert stark gegen Null.

Spitzbuh und Spitzkligger Kleine Frechdachse, etwas kesser, frecher und durchtiebener als die anderen in ihrem Alter.

Sprichbeidel Man kann es schon nicht mehr hören: Ja, ja, ich kenn da einen, der hat einen neuen Porsche, da lag eine Leiche im Auto, und die wollen das jetzt für 100 Euro abgeben. Und: Wenn der Angeln geht, sind die Fische, die er aus dem Rhein zieht, mindestens sooooo groß, wenn nicht noch größer.

Spritkopp Die klassische Ergänzung zur *Saufnas;* der Bursche hier hat aber die Hartgasvariante gewählt, also Sprit ab 38% aufwärts.

Spund Junger Schnösel, hat noch keine Ahnung von Tuten und Blasen, will aber schon mitquaken.

Stinkmorschel Natürliche Feinde sind für ihn Wasser und Seife.

Stinkstiwwel Der Bruder von der *Stinkmorschel*.

Stoffel Brummbäriger Tölpel mit Unfreundlichkeitsgarantie.

Stoppelhoppser Wieder so ein laufender Meter.

Stotterhannes Sprechbehinderung, wird leider auch auf die Schippe genommen.

Stinkmorschel

Studentekopp Studiert halt so rum. Weiter bringt es ihn aber auch nicht wirklich.

Strauchdieb Findet man auch heute noch in den ländlichen Gebieten.

Streber Wenn es nach der 1+ noch eine 1 extra gut als Note gäbe, der Streber hätte diese Note. Da er des Lehrers Liebling ist, schließt er sich hin und wieder aus der Klassengemeinschaft aus, wo er sowieso nicht gerade der Klassenliebling ist – außer alle haben bei den Hausaufgaben Probleme, und er hilft, dann ist er der Held.

Stubehocker Sehr verdächtig, beim schönsten Wetter bleibt er zu Hause. Was da wohl los ist?

Suffkopp Noch schlimmer als der *Saufkopp. Kanste noch ebbes anneres wie dich voll zu kippe, du alter Suffkopp?*

Sumpfkuh Abfällige Bezeichnung für eine breitärschige Dame, die mit geübter Ungeschicktheit irgend etwas plattwalzt.

Sunndachsfahrer Die kosten einem die letzten Nerven. Plötzlich entdecken sie links oder rechts etwas am Straßenrand, und damit es besser zu sehen ist, sofort auf Tempo 20 runter. Alles nicht so schlimm, wenn er mit seinem 200er Diesel hinter dir ist, aber du hast immer so ein Glück, dass er vor dir schleicht. Stolz triumphiert die umhäkelte Klorolle im Heckfenster. Diesen Anblick darfst du dann die nächste halbe Stunde genießen, denn hier ist Überholverbot. Aber du bist nicht alleine, hinter dir sind auch schon wieder 300 Fahrzeuge. Schönen Sonntag noch …

T

Thusnelda Das ist eine richtig abgefahrene Mischung aus allem möglichen; die ist schon bretthart, die Fee.

Tittegrapscher, -fummler Greift direkt nach allem, was etwas an Oberweite zu bieten hat.

Titteklotzer Wenn die weiblichen Rundungen erfrischend im Gewand präsentiert werden, erstarrt unser Klotzer fast zu Eis. Er versucht auch immer wieder, sich im Büro die optimale Körperhaltung anzutrainieren, damit er auch ja alles sieht.

Traatschtante Kennt jede Schwangerschaft im Ort, weiß alles, sogar dass der Bäcker der Vater von der Metzgersfrau ihrm Nachwuchs sein soll. Und der Schuster …

Trampel Diese Person sollte man nicht allein im Raum lassen: der berühmte Elefant im Porzellanladen.

Trampeltier Ein mächtig beleibtes Wesen, das schon im normalen Gang das nähere Umfeld zum Beben bringt.

Tranfunzel Häääääh? Das dürfte das erste sein, was von einer Tranfunzel kommt, schnelles Denken und Sprechen ist für diesen Menschen Gift. Hatte vielleicht einen Lebertranunfall oder so.

Troddel *Aner so depp wie de anner.*

Trotzkopp Kleiner Dickschädel.

Trulla Eine Schnarchnase von Frau, überwältigt nicht gerade mit ihrem Äußerem.

U

Urrumpel Älterer Herr, der mit seiner Art alles geringfügig durcheinanderbringt.

Urvieh Hat keine natürlichen Feinde, nicht nur wegen seiner humorvollen Art. Ich kenne da einen, der steht vor dir, und du denkst, es ist Sonnenfinsternis! Was für ein Mensch: Groß, mächtig *un en Kreiz wie en Schrank.* Den ich kenne, *des issen ganz liebe Kerl!*

Utschebebbes Klebriges, undefinierbares Etwas.

Uzer Zieht andere auf, hänselt sie und macht seine Scherze auf ihre Kosten.

Titteklotzer

V

Veräppler *Willste mich veräppele oder was?* Hier können wir den hessischen Einfluss nicht verleugnen. *Äppel* geht ja noch, aber *Äppelwoi*? Pfui! *Die wolle uns wohl uff de Arm nemme!*

Verrickte Man ist umgeben von ihnen.

Vogelscheuch Vom Acker direkt ins eigene Wohnzimmer, und das nur wegen den paar Bier an dem einen Abend und einmal zuviel ja gesagt. Nie mehr Alk!

Vollidiot Macht keine halben Sachen. Dumm geboren und nichts dazugelernt.

W

Wackelarsch Mitunter verdammt aufregend, diese Wackelhintern, die so manch einem Mann mitten in der Fußgängerzone den Schweiß auf die Stirn treiben.

Wagges Nicht mehr so populär, *aber des sind die mit de gelbe Autolichter aus Elsass un Lothringe.*

Wasserkopp *Uff jeden Schaffer kimmt on Wasserkopp, glaube die Schaffer, un die Wasserköpp sahn: Ei, des muss so soi, sonst schaffe die nix – alla gut, trinke mer ohner.*

Watz Wenn der über einen kommt, geht die Luft aus sämtlichen Öffnungen.

Weichei Seine Heldentaten kann man unbestritten an einem Finger abzählen. Na ja, der Machertyp ist er nicht gerade.

Weschlappe Was eine Pfeife! Der kann sich nicht behaupten, *nur ko Widerred ...*

Weschweib Klatsch und Tratsch, nur so geht's. *Wenn konner uff de Gass is, nehme se halt es Telefon.*

Wichser Das ist dann schon die sehr harte Gangart und heute aus dem Schimpfwörtergebrauch nicht mehr wegzudenken.

Wildsau Der geht wie ein wildgewordener Eber durchs Leben, und zwar knüppelhart. Manch einer fährt auch Auto wie eine *Wildsau*. Oder guckt nicht, wo er hintritt: *Du bist genau in de Haufe gedappt, du alt Wildsau!*

Windbeutel Unzuverlässig wie viele unserer Politiker.

Windei Nur heiße Luft, sonst ist nicht viel dahinter.

Witzfigur Bei ihm weiß man nicht ganz genau, ob das jetzt Absicht war oder ein gelungenges Missgeschick, bei dem sich alle halbtot lachen. Auf jedenfall hat er immer die Brüller auf seiner Seite.

Woibergsschneckevertrampeler Weinbergsarbeiter, die mit Absicht oder versehentlich Weinbergschnecken auf der Flucht zu Tode treten.

Wonneproppe Kleines Kind, das sicherlich nicht an Hunger leidet. Der Kinderspeck geht ja auch wieder weg – oder auch nicht.

Wuchtbrumme So hoch wie breit.

Wulleboze, -batz Vergleichbar mit *Balkewatz*

Wutz Kleines Ferkel, das schmutzige Witze erzählt.

Wullewatz Knochenbrecher der derben Art.

Wutz

X + Y = 0

Ja, klar, auf rheinhessische Schimpfworte mit X und Y haben Sie gewartet, wir auch! Wie wäre es mit *Xanthippe* und *Yogi Frankudo,* den amerikanischen Verwandten des Autors? Oder kennen Sie welche?

Z

Zabbelarsch, -philipp *Host du Flee in de Hos, du Zabbelarsch?*

Zankdeiwel Er geht keinem Ärger aus dem Weg.

Zankweib Sie geht auch keinem Ärger aus dem Weg.

Zimberliese Nicht sonderlich mutig, aber dafür sehr zimperlich.

Zimtzicke Im ersten Moment die zuckersüße Versuchung, aber nicht täuschen lassen, es ist eine echte Zicke mit allem drum und dran.

Zitroneschittler Man sollte ihn nicht ganz ernst nehmen, sein Oberstübchen ist noch nicht ausgereift, wird es wahrscheinlich auch nicht mehr.

Zitterarsch Dem geht derselbe auf Grundeis.

Zores Heruntergekommene Gesellschaft, die fertig mit der Welt ist.

Zorngiggel Widerspenstiger Giftknochen, der gleich vor Wut platzt.

Zottelbock *Wenn de den an die Wand schmeißt, bleibt der hänge.*

Zum Dunnerkeil noch emol! Darf ja nicht fehlen, allemal vor dem Schimpfwort ein kleiner Fluch.

Zwiebelschloot *Ei, du stinkst jo aussem Hals wie e Kuh aussem Hals.* Sollte der Geruch nach Verspeisen einiger Kilo Zwiebeln nicht direkt verfliegen, dann kann schon mal einer sagen *Du Zwiebelschloot!*

Zwoggel Kleinwüchsiger Mensch, dafür kann er wirklich nichts, aber dieser Kerl aus der Familie der Gnome ist ein fieses Schwein.

Lustische Geschichde aus Rhoihesse

Hermann, der Winzer

»Des is moin Wingert«, da ist Hermann, der Winzer, schon genau. Er hält seinen Wingert für den schönsten Ort der Welt. Fröhlich, schlau und liebenswert simeliert er dabei über das Land und seine Menschen und genießt dabei seinen feinen Wein.

»Endlich ist es soweit!« schrieb Ministerpräsident Kurt Beck zum Erscheinen von Band 1 der neuen Comicfigur Rheinhessens in seinem Grußwort. Jetzt gibt's Band 2 von Hermann, dem Wortabschneider, Eigenbrötler und lebenslustigen Skeptiker, aus Rheinhessen vor.

Was is? Geht's net?

fragt er mehr oder weniger unschuldig im neuen Band. Ohne Wenn und Aber werden hier die Lachmuskeln gefordert. Seine drolligen Erlebnisse spiegeln unnachahmlich die Seele der rheinhessische Region wider.

Band 1 und 2 jeweils 48 farbige Seiten
im Hardcover und Großformat, 12,00 €,

Aus rhoihessische Dippe un Panne

Das originelle Kochbuch mit Hermann, dem Winzer von FRANKUDO

Quer durch Rheinhessen geht diese kulinarische Reise: von Worms in die ehemalige Freie Reichsstadt Oppenheim, über viele Stationen nach Mainz und weiter am Rhein entlang bis Bingen. Südlich geht es über Bad Kreuznach in Richtung Alzey. Überall auf dieser Fahrt wurden typische oder neue Rezepte aus *rhoihessische Dippe un Panne* eingesammelt. In diesem gezeichneten Kochbuch geht es wahrlich originell zu. 22 Orte haben Frankudo äußerst liebevoll bildlich dargestellt und deren Sehenswürdigkeiten aufgeführt. Hermann präsentiert 45 Rezepte, die alle zum Ausprobieren animieren und die mit seinen mundartlichen Kommentaren versehen sind. Viele Tips, natürlich auch zum Wein, runden die Rezepte ab.

Mit Vorwort und Rezept vom Sternekoch Johann Lafer.

72 Seiten, geb., farbige Abb. 14,00 €, ISBN 3-936622-06-X

De Rhoihessische Schdruwwelpeder

Dolle Gschischdscher un lusdische Bilder vum HARTMUT KEIL

Jetzt ist der Struwwelpeter mit allen seinen Freunden in Rheinhessen richtig heimisch geworden.

32 Seiten, geb., mit allen Abb., 10,00 €, ISBN 3-933575-71-0

De Rhoihessische Max un Moritz

Dolle Gschischdscher un lusdische Bilder vum HARTMUT KEIL

Nun treiben die Lausbuben auch in Rheinhessen ihr Unwesen.

40 Seiten., geb., mit allen Abb., 9,00 €, ISBN 3-933575-78-8

Unser Verlagsprogramm senden wir gerne kostenlos zu.
Besuchen Sie uns im Internet: http://www.mundartverlag.de

vmn
Verlag M. Naumann
Eicher Straße 4 · 61130 Nidderau
Telefon 06187 22122 · Telefax 06187 24902
eMail: info@mundartverlag.de